duɗal - koulu	2
ɗannaade - matka	5
yangarta - kuljetus	8
wuro - kaupunki	10
satto - maisema	14
restoraaŋ - ravintola	17
duggere - supermarketti	20
njarameeje - juomat	22
ñamri - ruoka	23
ngesa - maatila	27
galle - talo	31
saal - olohuone	33
waañ - keittiö	35
lootorde - kylpyhuone	38
suudu suka - lastenhuone	42
ɓoornogol - vaatteet	44
gollorde - toimisto	49
faggudu - talous	51
golle - ammatit	53
kuutorɗe - työkalut	56
pijirɗe - soittimet	57
nehirde kulle - eläintarha	59
cofte ɓalli - urheilu	62
golle - aktiviteetit	63
ɓesngu - perhe	67
ɓandu - vartalo	68
safrirdu - sairaala	72
heñorde - hätätilanne	76
Leydi - maa	77
waktu - kello	79
yontere - viikko	80
hitaande - vuosi	81
ɓalli - muodot	83
sifaaji - värit	84
ceeri - vastakohdat	85
pinɗe - numerot	88
ɗemɗe - kielet	90
holoon / holɗuum / holnoon - kuka / mitä / miten	91
holtoon - missä	92

Impressum
Verlag: BABADADA GmbH, Nedderfeld 112 , 22529 Hamburg
Geschäftsführer / Verlagsleitung: Harald Hof
Druck: Books on Demand GmbH, In de Tarpen 42, 22848 Norderstedt

Imprint
Publisher: BABADADA GmbH, Nedderfeld 112 , 22529 Hamburg, Germany
Managing Director / Publishing direction: Harald Hof
Print: Books on Demand GmbH, In de Tarpen 42, 22848 Norderstedt

1

duɗal

koulu

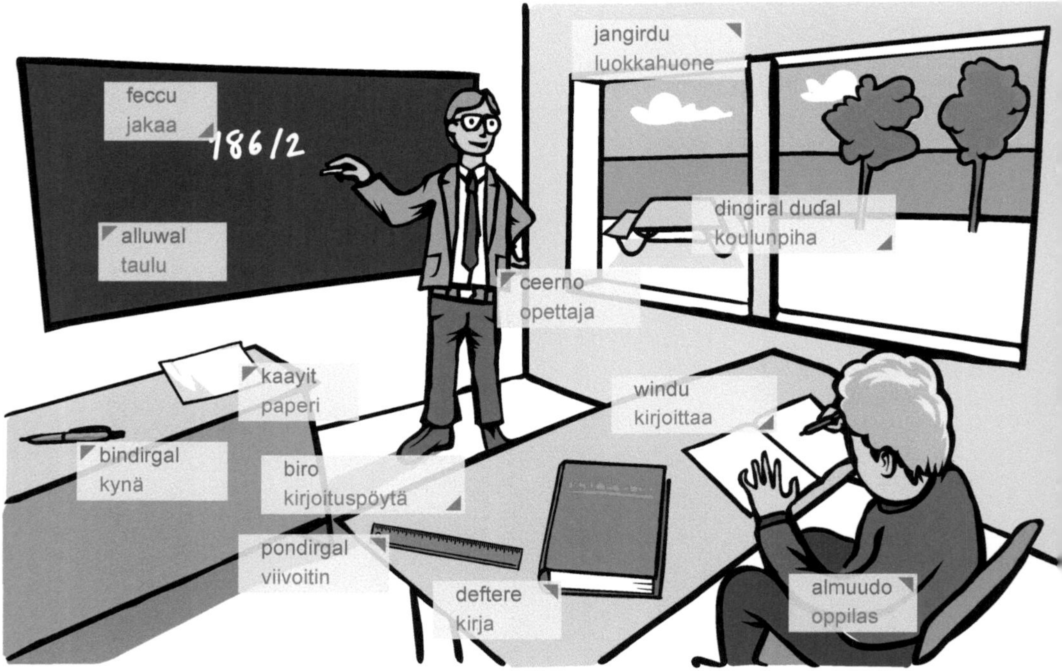

jangirdu
luokkahuone
feccu
jakaa
186/2
alluwal
taulu
dingiral duɗal
koulunpiha
ceerno
opettaja
kaayit
paperi
windu
kirjoittaa
bindirgal
kynä
biro
kirjoituspöytä
pondirgal
viivoitin
deftere
kirja
almuudo
oppilas

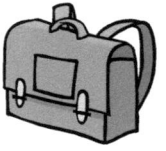

sakosel

reppu

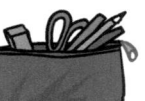

suudu kuɗol

penaali

kuɗol

lyijykynä

ceeɓnoowo kuɗol

kynänteroitin

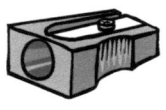

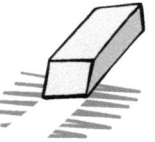

momtirgal

pyyhekumi

nokku diidirɗo

piirustuslehtiö

diidgol

piirustus

diidirgal

pensseli

suudu diidordu

vesivärit

sisooje

sakset

kol

liima

deftere softinorde

harjoituskirja

coftinogol

kotitehtävä

tongoode

luku

ɓeydu

lisätä

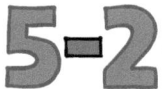

ustu

vähentää

hebbin

kertoa

lim

laskea

ɓataake

kirjain

hijju

aakkoset

kongol

sana

windande
teksti

jangu
lukea

bindirgal
liitu

darsu
oppitunti

windaade
opettajan muistikirja

ÿeewtogol
koe

ijaazi
todistus

wutte jaɲirɗo
koulupuku

jaŋde
koulutus

ɗowitorde mawnde
sanakirja

jaaɓi haatirde
yliopisto

mokoroskop
mikroskooppi

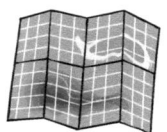

wertaango
kartta

siwo mbalis
roskakori

ɗannaade
matka

otel
hotelli
Grand
hoɗirdu
retkeilymaja
ROOMS
CHANGE
nokku beccirɗo
rahanvaihto
woliis
matkalaukku
oto
auto

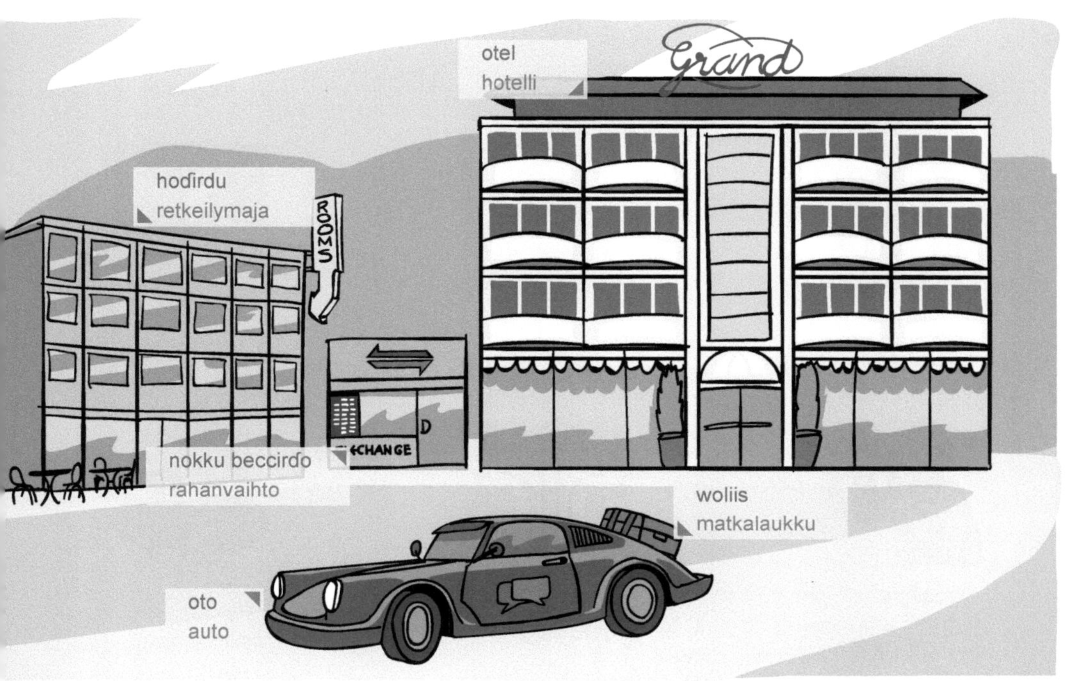

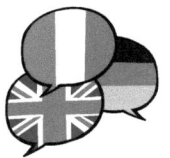

ɗemngal

kieli

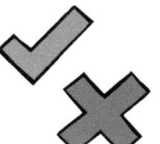

ey / ala

kyllä / ei

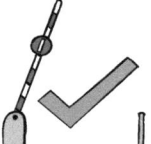

Eyyo

selvä

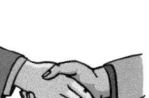

mbaɗɗa

hei

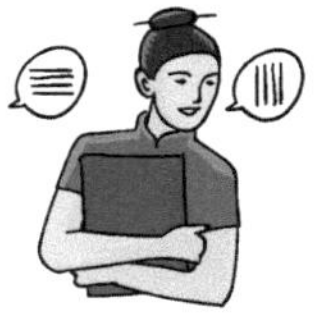

pirtoowo

tulkki

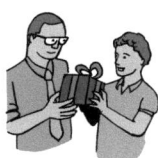

jaraama

kiitos

hono foti...?
Paljonko...maksaa?

mi faamaani
en ymmärrä

satteende
ongelma

jam hiiri
Hyvää iltaa!

jam waali
Hyvää huomenta!

jam waal
Hyvää yötä!

baay baay
näkemiin

ngardiindi
suunta

kaake
matkatavarat

saak
laukku

saak bakke
reppu

koɗo
vieras

suudu
huone

saak ɗaanorɗo
makuupussi

taanta
teltta

kabaaru jillotooɗo

turisti-info

palaaz

ranta

kartal keredii

luottokortti

kasitaari

aamupala

bottaari

lounas

hiraande

päivällinen

tikkett

matkalippu

suutde

hissi

tembere

postimerkki

keerol

raja

soodooɓe

tulli

ambasaat

suurlähetystö

wiisa

viisumi

paaspoor

passi

yangarta
kuljetus

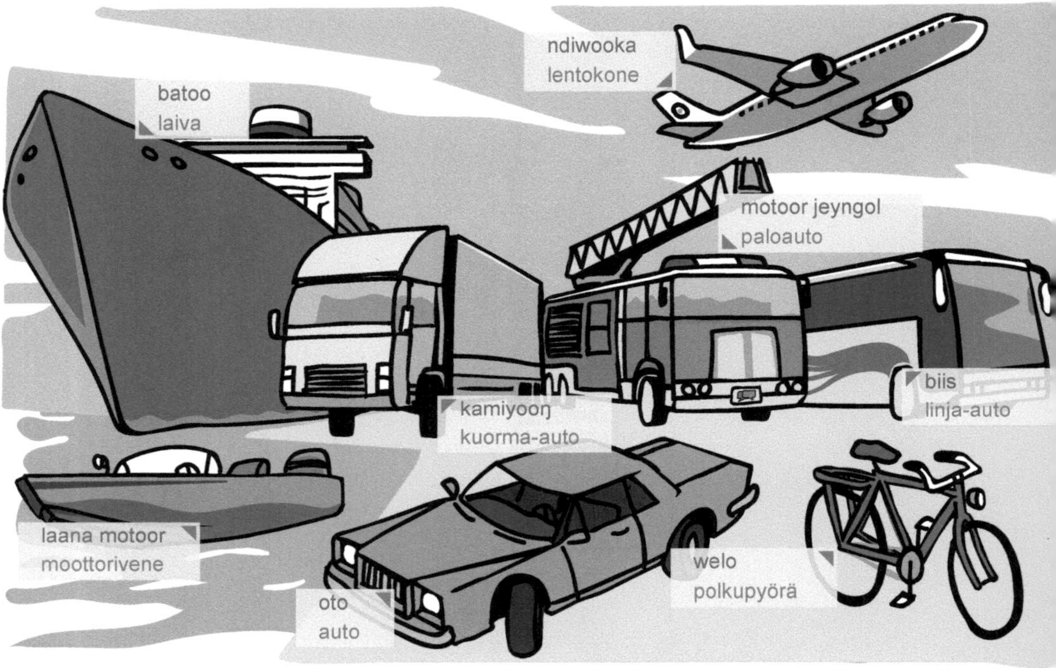

ndiwooka
lentokone
batoo
laiva
motoor jeyngol
paloauto
kamiyooŋ
kuorma-auto
biis
linja-auto
laana motoor
moottorivene
oto
auto
welo
polkupyörä

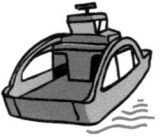

baak

lautta

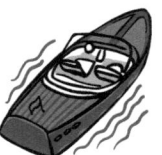

laana

vene

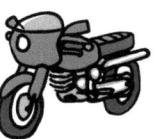

welo motoor

moottoripyörä

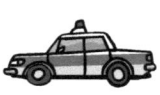

oto poliis

poliisiauto

oto dandu

kilpa-auto

otoluwaaɗo

vuokra-auto

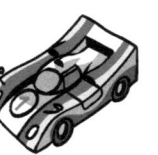

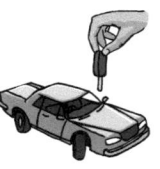

rendude oto

car sharing

leŋge

hinausauto

kamiyooŋ salo

roska-auto

moto

moottori

gaas

polttoaine

esaaseer

huoltoasema

maantorde tali

liikennemerkki

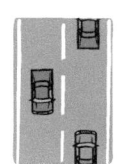

tali

liikenne

ɓittugol tali

ruuhka

darnirde oto

parkkipaikka

dartorde teree

rautatieasema

laabi

raiteet

teree

juna

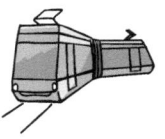

taraam

raitiovaunu

nawgol

vaunu

elikooteer

helikopteri

aydapoor

lentokenttä

huɓeere

lähilennonjohto

jahoowo

matkustaja

kontaneer

kontti

kees

pahvilaatikko

saret

kärryt

siwo

kori

diw / tello

nousta / laskea

wuro

kaupunki

saare

kylä

hakkunde wuro

keskusta

galle

talo

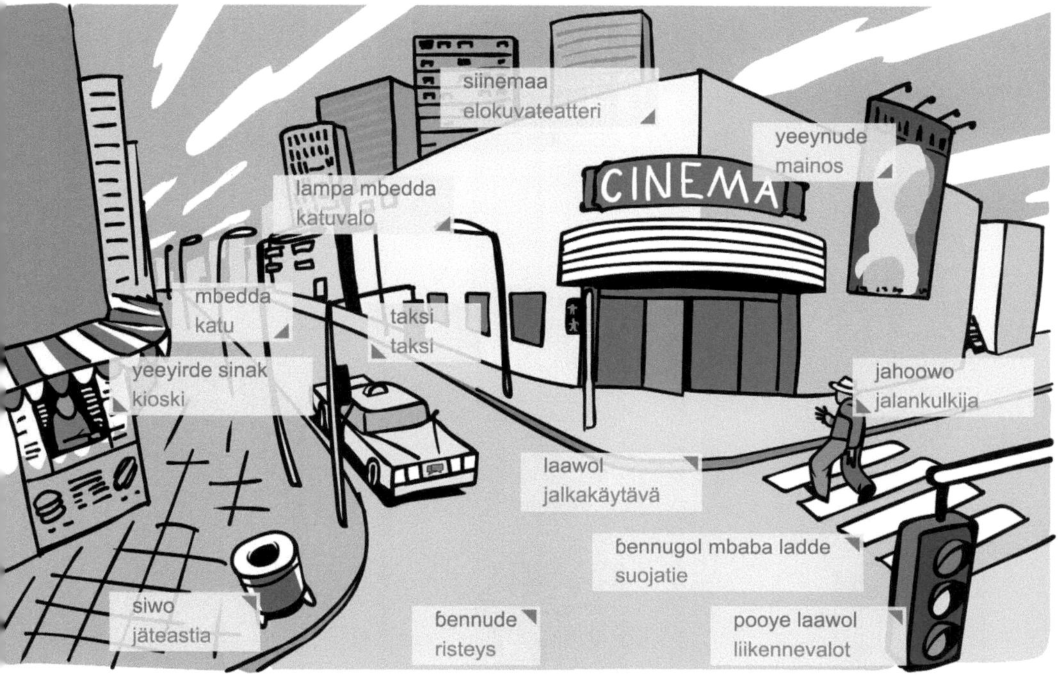

siinemaa
elokuvateatteri
CINEMA
yeeynude
mainos
lampa mbedda
katuvalo
mbedda
katu
taksi
taksi
yeeyirde sinak
kioski
jahoowo
jalankulkija
laawol
jalkakäytävä
ɓennugol mbaba ladde
suojatie
siwo
jäteastia
ɓennude
risteys
pooye laawol
liikennevalot

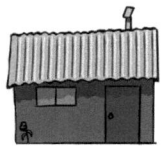

tiba
mökki

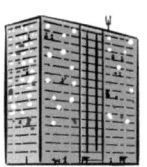

hoɗorde
kerrostalo

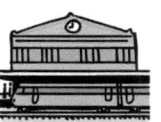

dartorde teree
rautatieasema

meeri
kaupungintalo

MUSEUM
miise
museo

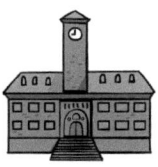

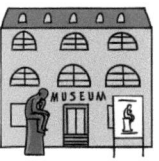

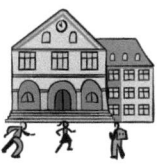

duɗal
koulu

jaaɓi haatirde

yliopisto

baŋke

pankki

safrirdu

sairaala

otel

hotelli

farmasii

apteekki

gollorde

toimisto

yeeyirde defte

kirjakauppa

yeeyirde

liike

mo nehoowo ledɗe

kukkakauppa

duggere

supermarketti

jeere

tori

yeeyirde diiwaan

tavaratalo

mo gawoowo

kalakauppias

nokku njeeygu

ostoskeskus

telloorde

satama

parka

puisto

jooɗorde

penkki

pooŋ

silta

ŋabbirɗe

portaat

les leydi

metro

laawol les

tunneli

dartorde biis

linja-autopysäkki

baar

baari

restoraaŋ

ravintola

suudu posto

postilaatikko

maantorde mbedda

katukyltti

meetorde parka

parkkimittari

nehirde kulle

eläintarha

pisiin

uimala

jumaa

moskeija

ngesa

maatila

bonande

ympäristön saastuminen

genaale

hautausmaa

ekiliis

kirkko

dingiral

leikkikenttä

tempele

temppeli

satto

maisema

derewol
lehti

maantogal
tienviitta

laawol
tie

paraad
niitty

haayre
kivi

lekki
puu

diwoowo
retkeilijä

caangol
joki

hudo
ruoho

baramlefol
kukka

fongo

laakso

tiwaande

vuori

weendu

järvi

dundu

metsä

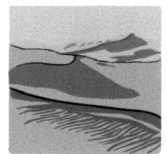

ladde

aavikko

wolkaaŋ

tulivuori

hoɗorde

linna

timtimol

sateenkaari

wiiduru gaynaako

sieni

lekki koko

palmu

ɓongu

hyttynen

diw

kärpänen

ñuuñu

muurahainen

ñaaku

mehiläinen

njabala

hämähäkki

karaab

kovakuoriainen

paaɓa

sammakko

jiire

orava

nguru paaɓa

siili

wojere

jänis

hooweere

pöllö

ndiwri

lintu

kankaleewal

joutsen

fowru

villisika

lella

peura

kooba

hirvi

baaraas

pato

seɗa hendu

tuulimylly

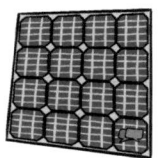

mbeɗu naange

aurinkopaneeli

kilimaaŋ

ilmasto

restoraaŋ
ravintola

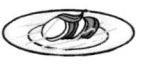

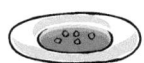

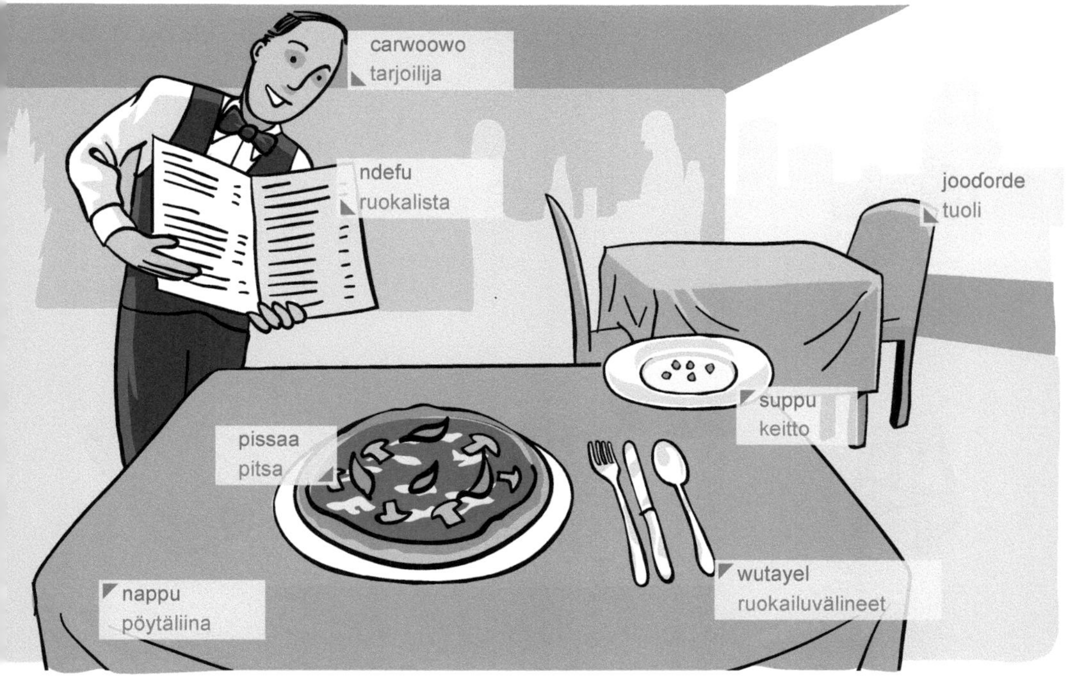

carwoowo
tarjoilija
ndefu
ruokalista
jooɗorde
tuoli
suppu
keitto
pissaa
pitsa
wutayel
ruokailuvälineet
nappu
pöytäliina

puɗɗorɗo

alkuruoka

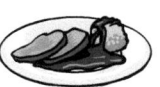

barme mawɗo

pääruoka

deseer

jälkiruoka

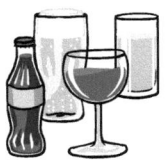

njarameeje

juomat

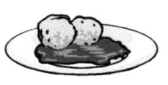

ñamri

ruoka

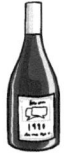

bitel

pullo

fastfuut
pikaruoka

ñaamde mbedda
katuruoka

pot ataaya
teekannu

taasa suukara
sokeriastia

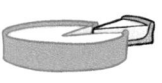

geɗal
annos

masiŋ esperesoo
espressokeitin

jooɗorde toownde
syöttötuoli

faktiir
lasku

terey
tarjotin

paaka
veitsi

fursett
haarukka

kuddu
lusikka

kuddu ataaya
teelusikka

torsooŋ
servietti

weer
lasi

palaat

lautanen

palaat suppu

syvä lautanen

coosoowo

aluslautanen

soos

kastike

pot lamɗam

suolasirotin

poobaar

pippurimylly

wineegar

etikka

diwliin

öljy

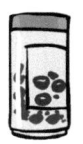

kaaniije

mausteet

ketsoop

ketsuppi

mutaarde

sinappi

maynees

majoneesi

duggere
supermarketti

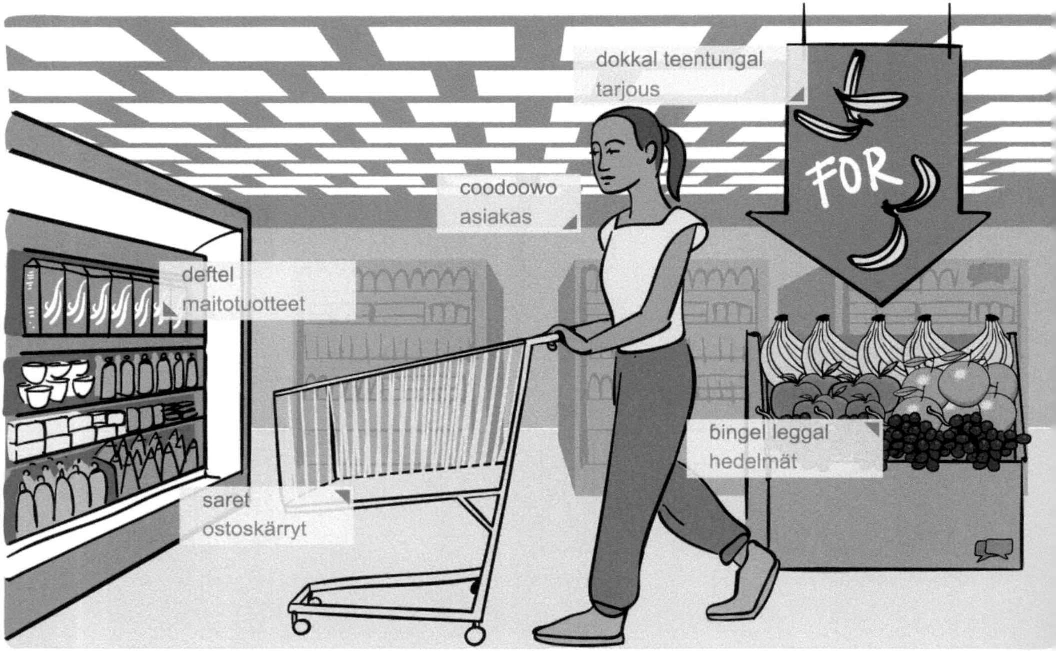

dokkal teentungal
tarjous
FOR
coodoowo
asiakas
deftel
maitotuotteet
ɓingel leggal
hedelmät
saret
ostoskärryt

BUTCHERS

mo jeeyoowo teewu

teurastamo

BAKERY

mo piyoowo mburu

leipomo

ɓett

punnita

ɓiɓe leɗɗe

kasvikset

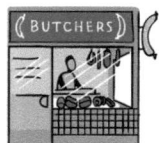

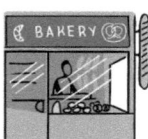

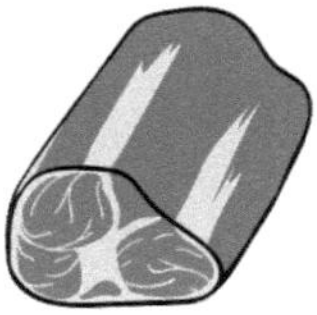

teewu

liha

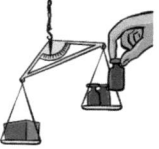

ñamri fendiindi

pakasteet

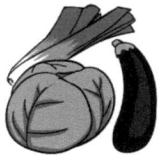

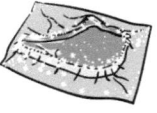

teewu buubngu

leikkele

ñamri

säilykkeet

omo

pesujauhe

tangaleeji

makeiset

geɗe galle

kotitaloustarvikkeet

geɗe labbinooje

puhdistusaineet

jeeyoowo

myyjä

hippoode

kassa

ngaluyanke

kassanhoitaja

limo soodetee

ostoslista

waktuuji gudditeeɗi

aukioloajat

kalbe

lompakko

kartal keredii

luottokortti

saak

kassi

saak dalli

muovipussi

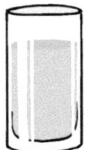

ndiyam

vesi

sii

mehu

kosam

maito

Koowk

kokis

sangara

viini

sangara

olut

alkol

alkoholi

koka

kaakao

ataaya

tee

kafe

kahvi

esperesoo

espresso

kaputsiino

cappuccino

banaana

banaani

pomere

omena

oraaŋs

appelsiini

dende

meloni

limoŋ

sitruuna

karott

porkkana

laac

valkosipuli

bambuu

bambu

soblere

sipuli

wiiduru gaynako

sieni

gerte

pähkinät

kodde

spagetti

espaketii

spagetti

maaro

riisi

solaat

salaatti

sipse

ranskalaiset

padaas pasnaaɗo

paistetut perunat

pissaa

pitsa

amburgoor

hampurilainen

sandiis

voileipä

tayre

leike

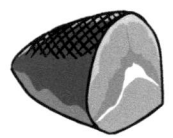

heltinde

kinkku

salaami

salami

soosiis

makkara

gertogal

kana

juɗe

paisti

liingu

kala

karaw

kaurahiutaleet

miyesli

mysli

butaali makka

murot

cafka

jauho

koraasaŋ

voisarvi

loocol mburu

sämpylä

mburu

leipä

mburu

paahtoleipä

mbiskit

keksit

boor

voi

caakri

rahka

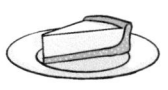

ngato

kakku

boofoode

kananmuna

bofoode defaaɗo

paistettu kananmuna

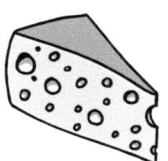

formaas

juusto

ñamri - ruoka 25

kerem galaas

jäätelö

suukara

sokeri

njuumri

hunaja

piire

hillo

soosde sokola

suklaapähkinälevite

kiri

curry

ñamri - ruoka

ngesa
maatila

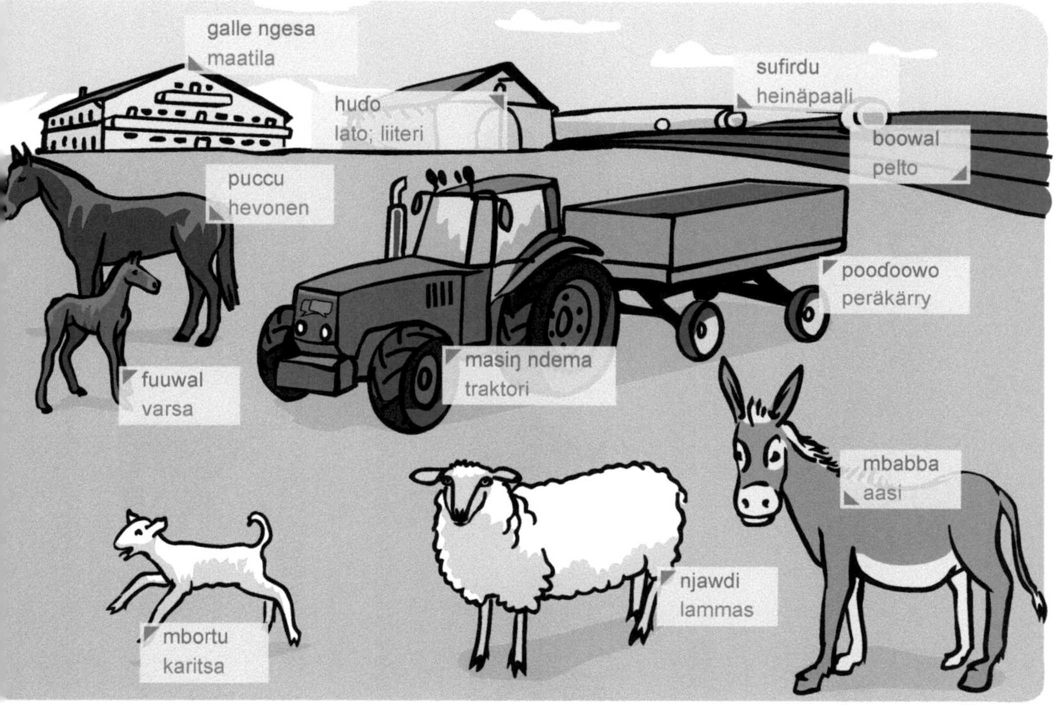

galle ngesa
maatila
huɗo
lato; liiteri
sufirdu
heinäpaali
boowal
pelto
puccu
hevonen
pooɗoowo
peräkärry
masiŋ ndema
traktori
fuuwal
varsa
mbabba
aasi
njawdi
lammas
mbortu
karitsa

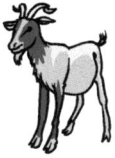

ndamndi

vuohi

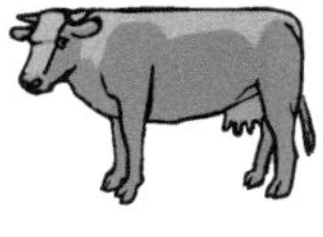

ngaari

lehmä

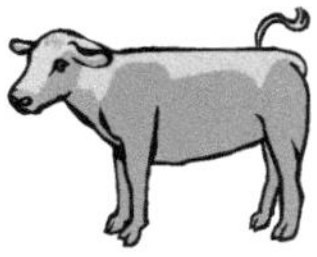

ñale

vasikka

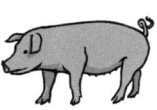

mbaba tugal

sika

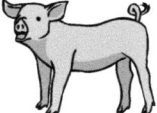

ɓingel tugal

porsas

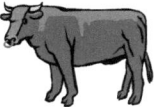

ngaari

sonni

jaawalal

hanhi

jaawangal

ankka

gertogal

tipu

jarlal

kana

ngori

kukko

doombru

rotta

ulluundu

kissa

dombru

hiiri

ngaari

härkä

rawaandu

koira

suudu rawaandu

koirankoppi

lekki werte

puutarhaletku

bitel ndiyam

kastelukannu

jalo

viikate

jabbude

aura

wafdu

sirppi

caga

kuokka

furset yettirɗo

talikko

jambere

kirves

burwett

kottikärryt

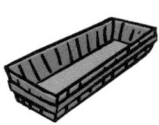

jardugal

kaukalo

bitel kosam

maitokannu

bonnude

säkki

heerorde

aita

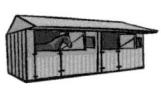

dari

talli

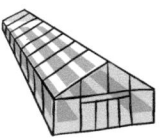

resofmaaŋ

kasvihuone

leydi

maa

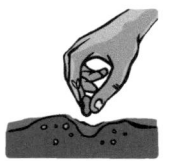

aawdi

siemen

engere

lannoite

rendin coñoowo

leikkuupuimuri

soñ

kerätä sato

coñal

sato

ñambi

jamssit

ndiyamiri

vehnä

soozaa

soija

padaas

peruna

makka

maissi

aawdi adan

rypsi

lekki ɓesnooki

hedelmäpuu

kasaawa

maniokki

gawri

vilja

galle
talo

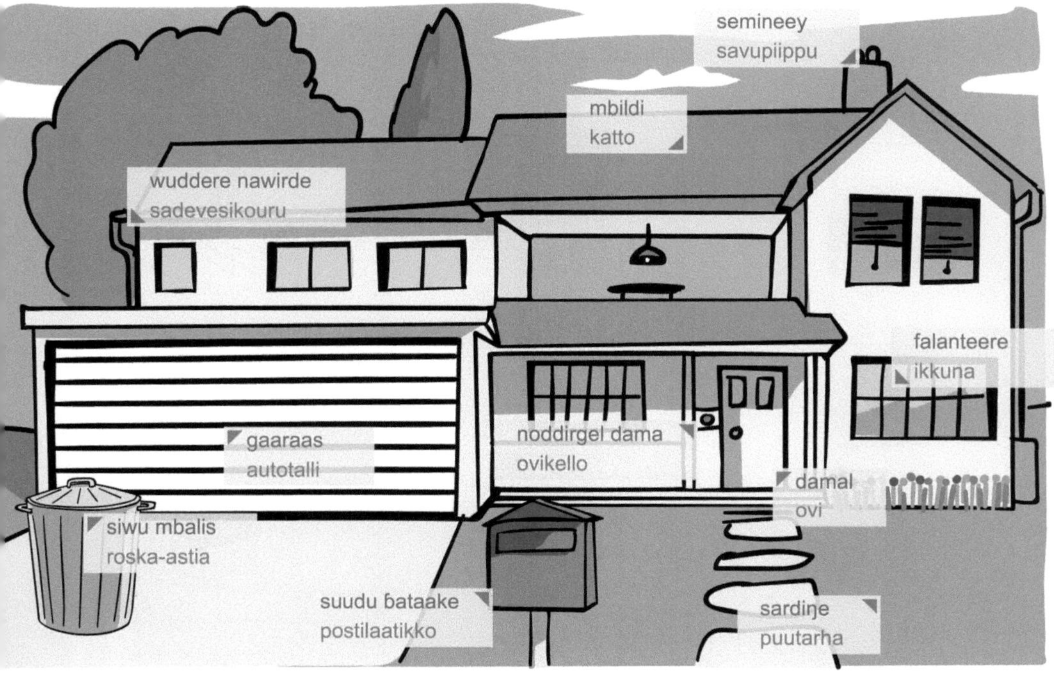
semineey
savupiippu
mbildi
katto
wuddere nawirde
sadevesikouru
falanteere
ikkuna
gaaraas
autotalli
noddirgel dama
ovikello
damal
ovi
siwu mbalis
roska-astia
suudu ɓataake
postilaatikko
sardiŋe
puutarha

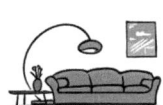

saal

olohuone

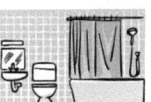

lootorde

kylpyhuone

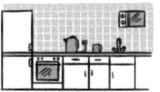

waañ

keittiö

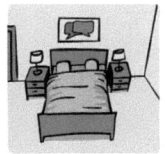

suudu lelteendu

makuuhuone

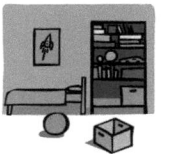

suudu suka

lastenhuone

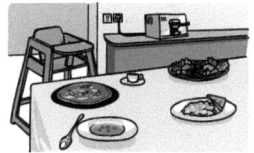

suudu hirtordu

ruokahuone

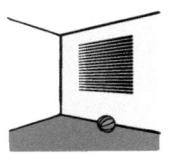

leydi

lattia

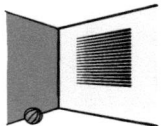

miir

seinä

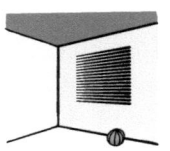

dira

katto

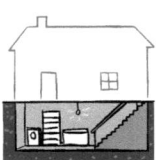

masiŋel

kellari

soona

sauna

balkooŋ

parveke

teeraas

terassi

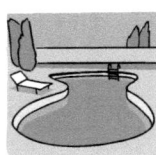

pisin

uima-allas

tondoos

ruohonleikkuri

kaayit

lakana

mbertanteeri

päiväpeitto

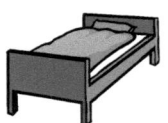

lelnde

sänky

pittirɗe

harja

siwoo

ämpäri

waylu

katkaisin

saal
olohuone

foodekaraŋ
tapetti
nattal
kuva
lampa
lamppu
dow
hylly
baye
kaappi
lewe
televisio
fotekaaŋ
takka
baramlefol
kukka
njegenaay
tyyny
soofaa
sohva
kaas
maljakko
komaande
kaukosäädin

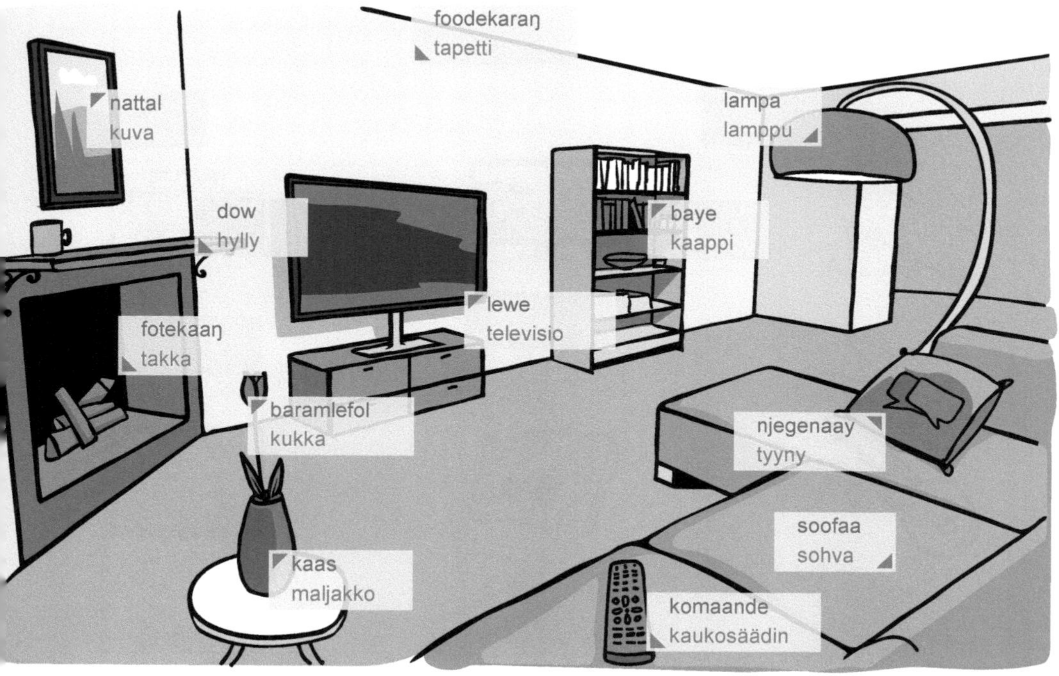

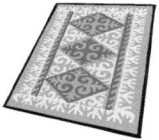

tappi
matto

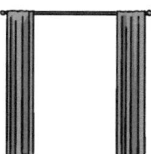

rido
verho

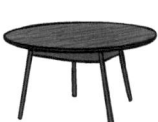

taabal
pöytä

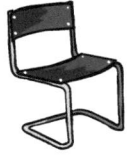

jooɗorde
tuoli

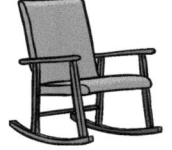

jooɗorde timmunde
keinutuoli

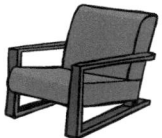

tuggorde
nojatuoli

deftere

kirja

suddaare

peitto

cinki

koriste

docotal

polttopuut

filmo

elokuva

kuutorɗe hi-fi

stereot

caabi

avain

jaaynde

sanomalehti

pentiirde

maalaus

posteer

juliste

haalirde

radio

deftel mooftirgel

muistivihko

ŋabbude

pölynimuri

siwo lekki

kaktus

sondel

kynttilä

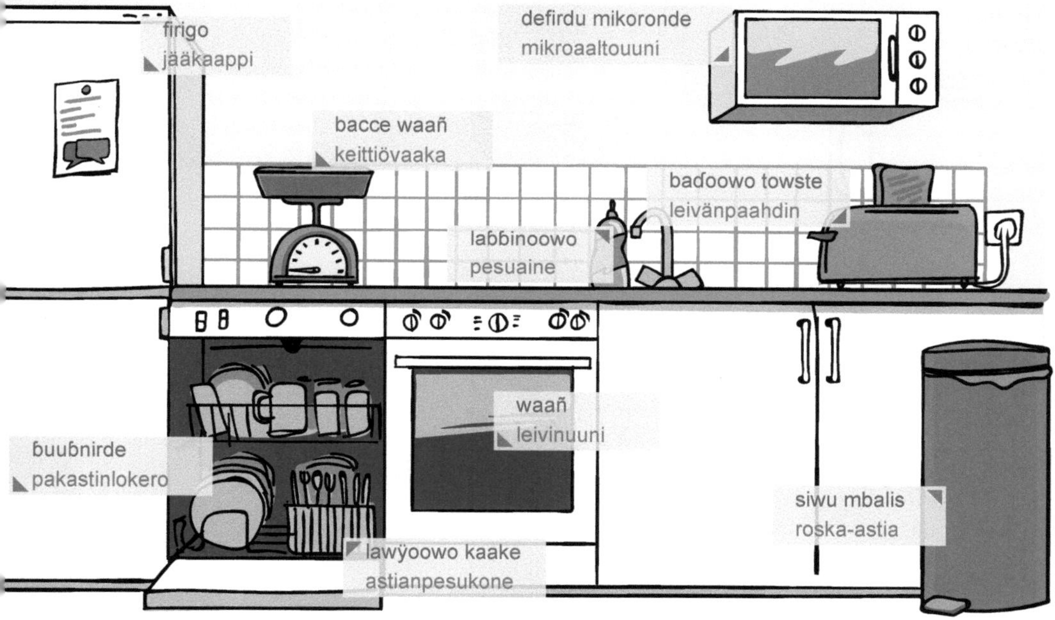

firigo
jääkaappi

defirdu mikoronde
mikroaaltouuni

bacce waañ
keittiövaaka

baɗoowo towste
leivänpaahdin

labbinoowo
pesuaine

buubnirde
pakastinlokero

waañ
leivinuuni

siwu mbalis
roska-astia

lawÿoowo kaake
astianpesukone

defoowo
liesi

pot
kattila

pot baɗɗo njamdi
rautapata

lehel
vokkipannu / kadai-pannu

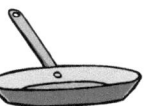

lahal
paistinpannu

baraade
teepannu

gulnoowo

höyrykeitin

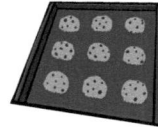

fuur cumirđo

uunipelti

wiisirde

astiat

kaas

muki

taasa

kulho

bakett

syömäpuikot

heđirde

kauha

kuundal

paistinlasta

burgal

vispilä

gulnirđo

siivilä

pool

siivilä

koosoowo

raastin

wowru

mortteli

njuđu

grilli

lewlewndu

avotuli

alluwal tayirgal

leikkuulauta

dullirgal

kaulin

tenaay

korkinavaaja

potyel

purkki

udditirɗo potyel

purkinavaaja

jaggoowo pot

pannulappu

lawÿirde

lavuaari

borisde

tiskiharja

epoos

pesusieni

jiiɓoowo

tehosekoitin

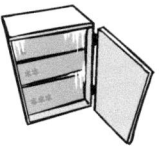

firigo juutɗo

pakastin

bitel tiggu

tuttipullo

robine

vesihana

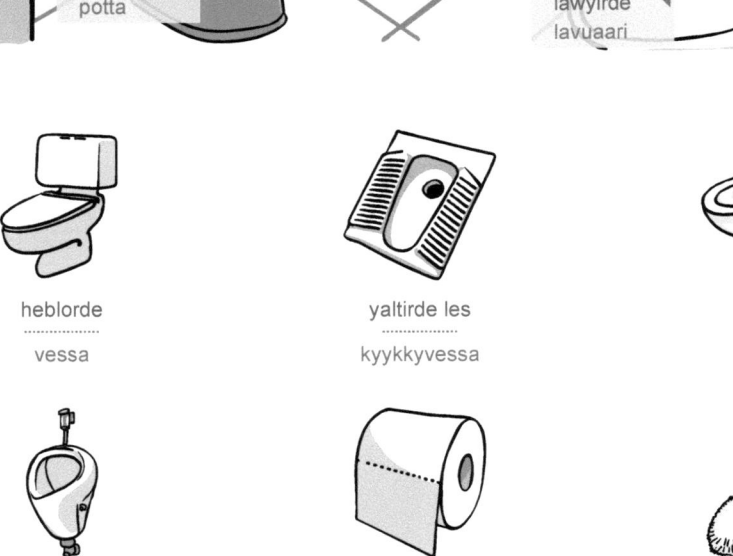

lootorde

kylpyhuone

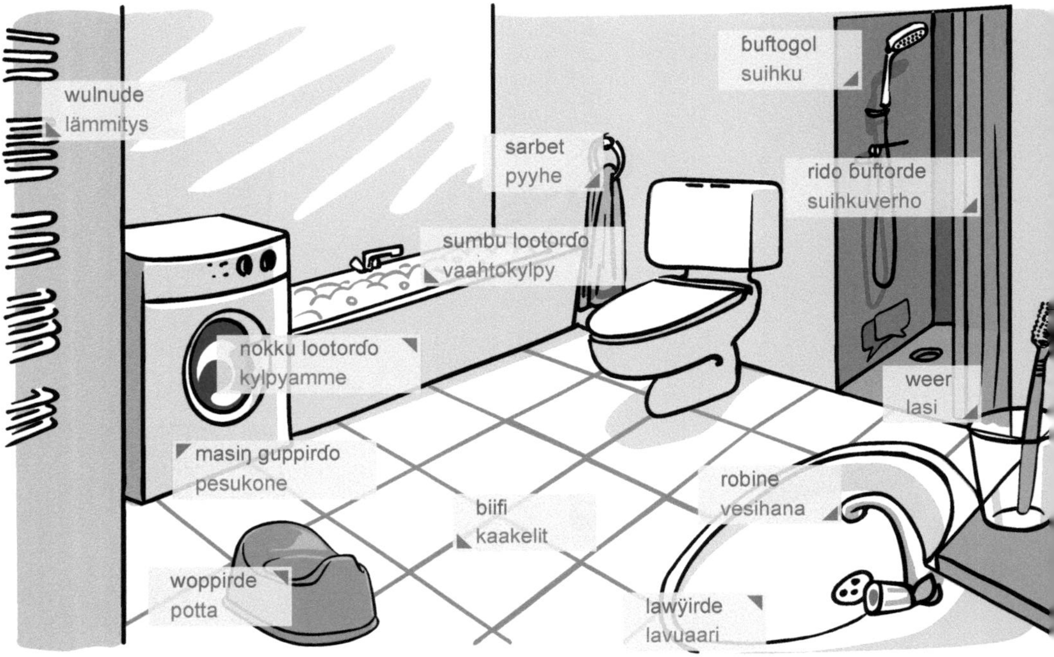

wulnude
lämmitys
ɓuftogol
suihku
sarbet
pyyhe
rido ɓuftorde
suihkuverho
sumbu lootorɗo
vaahtokylpy
nokku lootorɗo
kylpyamme
weer
lasi
masiŋ guppirɗo
pesukone
robine
vesihana
biifi
kaakelit
woppirde
potta
lawÿirde
lavuaari

heblorde

vessa

yaltirde les

kyykkyvessa

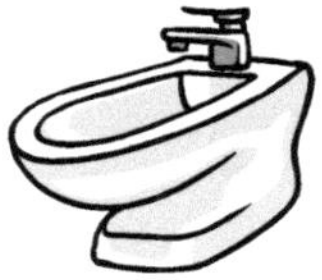

yaltirde

bidee

soofirde

pisuaari

kaayit heblorde

vessapaperi

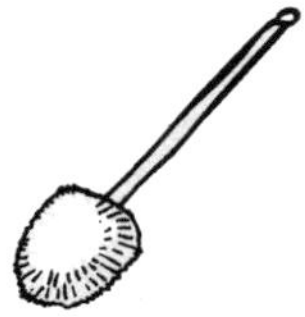

boros heblorde

vessaharja

boros ñiiÿe

hammasharja

pat cocorɗo

hammastahna

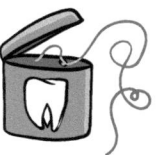

cocorgal

hammaslanka

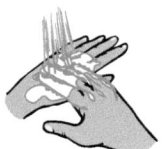

lawyu

pestä

ɓuftorde jungo

käsisuihku

jampe

intiimisuihku

taasa

pesuvati

boros keeci

selkäharja

saabunde

saippua

nebam ɓuftorde

suihkugeeli

sampoye

shampoo

lootogel

pesulappu

yupude

viemäri

mileen

voide

lati

deodorantti

daarogal

peili

daarogal jungo

käsipeili

rasuwaar

partaveitsi

sumbu pemborɗo

partavaahto

lallitirde

partavesi

koomu

kampa

boros

harja

yoorno hoore

hiustenkuivaaja

uurna hoore

hiuslakka

makiyaas

meikki

lippo

huulipuna

emaaye segene

kynsilakka

wiro

pumpuli

sisooje segene

kynsisakset

parfooŋ

hajuvesi

saawdu lawyirdu

kosmetiikkalaukku

kuudi

jakkara

bacce ɓetirde

vaaka

wutte lootorɗo

kylpytakki

kawaseeje dalli

kumihansikkaat

tampooŋ

tamponi

sarbet laɓɓinoorɗo

terveysside

lootogol cellungol

kemiallinen wc

suudu suka
lastenhuone

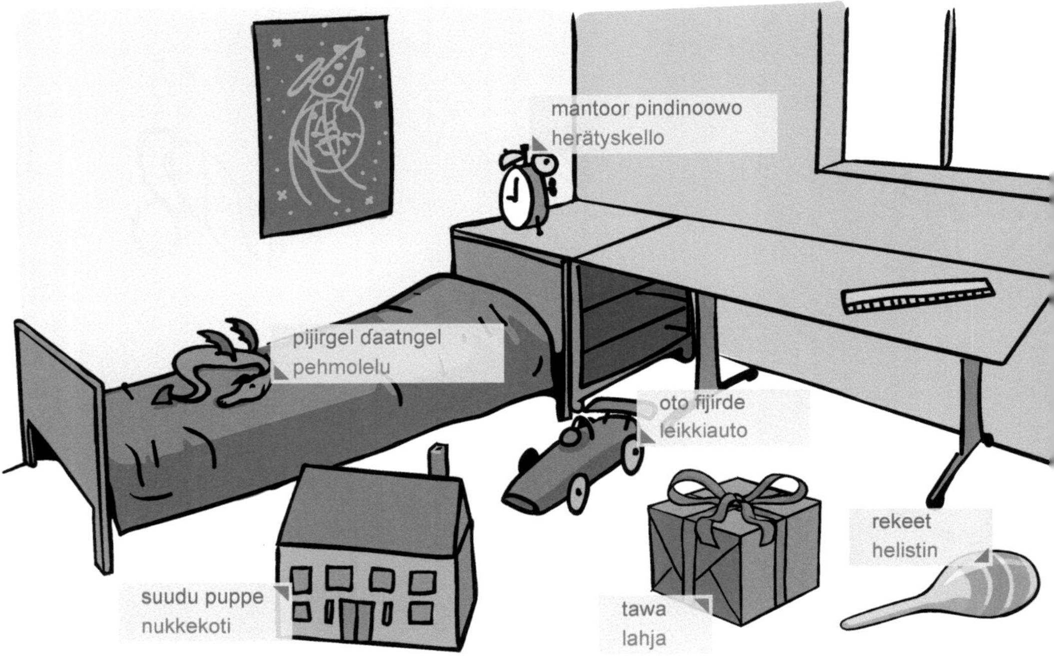
mantoor pindinoowo
herätyskello
pijirgel ɗaatngel
pehmolelu
oto fijirde
leikkiauto
rekeet
helistin
suudu puppe
nukkekoti
tawa
lahja

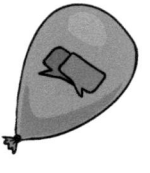

balooŋ

ilmapallo

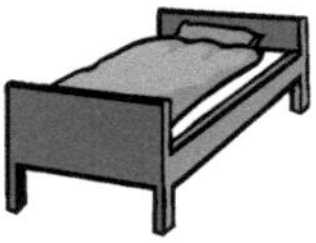

lelnde

sänky

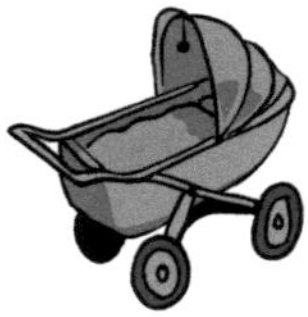

puus puus

lastenvaunut

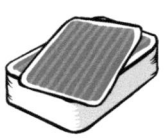

taabal karte

korttipeli

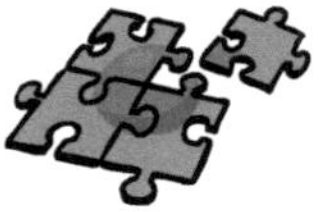

juwirgal

palapeli

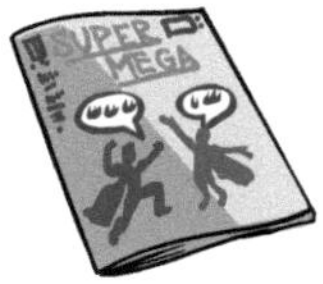

jalnii

sarjakuva

tuufeeje lego

legopalikat

kaaÿe maadi

rakennuspalikat

pijirgel suka

supersankari

wutte suka

potkupuku

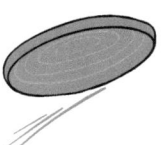

mbiifu

frisbee

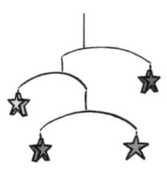

noddirgel

mobile

fijirde alluwal

lautapeli

dee

noppa

tereŋ jahiroowo batiri

pienoisjunarata

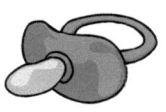

ɗaayɗo

tutti

hiirde

juhlat

deftere natte

kuvakirja

bal

pallo

puppe

nukke

fij

leikkiä

ngaska leydi

hiekkalaatikko

yirlude

keinu

pijirɗe

lelut

fijirde widoo peley

pelikonsoli

biifi tati

kolmipyörä

uluundu pijirgel

nalle

woliis

vaatekaappi

boornogol

vaatteet

kawaseeje

sukat

baardinirɗi

nylonsukat

dogirɗi

sukkahousut

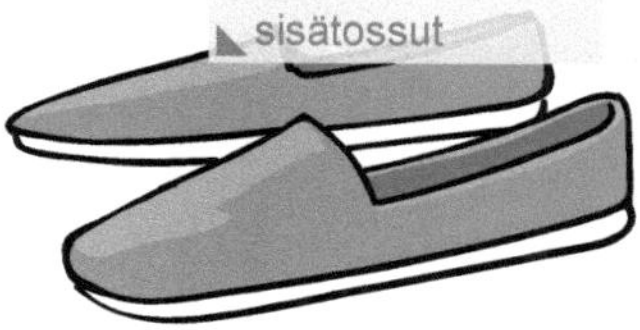

muurnorde
kaulaliina

dadorde
vyö

paraseewal
sateenvarjo

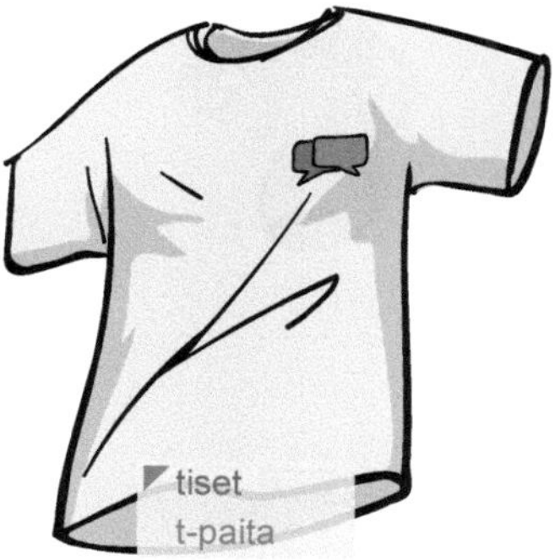

tiset
t-paita

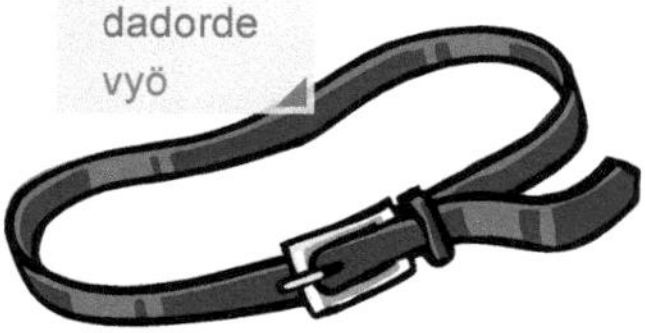

bataaje
saappaat

pađe joođorđe
sisätossut

dogirđe
lenkkarit

caraax
sandaalit

pađe
kengät

bataaje dalli
kumisaappaat

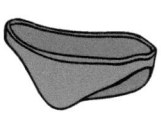
cakkirđi
alushousut

site ŋoos
rintaliivit

weste
aluspaita

ɓandu

body

tuuba

housut

jiin

farkut

sippu

hame

buluus

pusero

wuttel

paita

piliweer

villapaita

njallaaba

collegepaita

balaseer suka

jakku

jakett

takki

sabandoor

takki

wutte toɓo

sadetakki

kossim

puku

robbo

mekko

wutte cuddungu

hääpuku

cakkirɗo

puku

robbo baaldudo

yöpaita

baaluɗi

pyjama

sari

shari

fiilorde

päähuivi

kaala

turbaani

misoor

burka

haftan

kaftaani

abaaye

abaya

lumborɗo

uimapuku

ledɗe

uimahousut

kilooti

shortsit

dewirɗi

verkkarit

aparooŋ

esiliina

kawase

käsineet

nebbu

nappi

lone

silmälasit

jawo

rannekoru

cakka

kaulakoru

feggere

sormus

hootonde

korvakoru

laafa

lippalakki

jaggirgal sabandoor

ripustin

kufna

hattu

karwaat

solmio

korsude

vetoketju

tengaade

kypärä

jawe

henkselit

wutte jaŋirɗo

koulupuku

dadorɗo

univormu

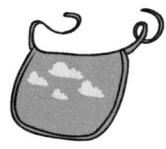

nappu suka

ruokalappu

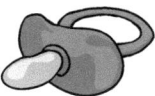

ɗaayɗo

tutti

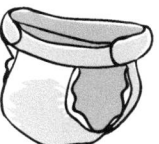

fooftini

vaippa

gollorde
toimisto

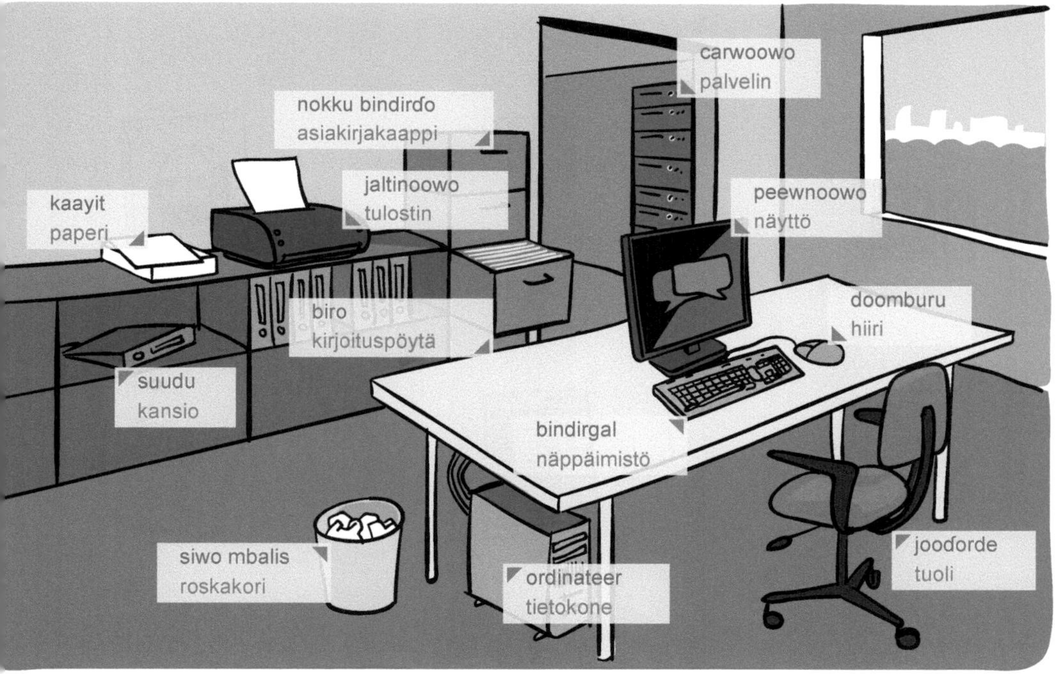

carwoowo
palvelin
nokku bindirɗo
asiakirjakaappi
kaayit
paperi
jaltinoowo
tulostin
peewnoowo
näyttö
biro
kirjoituspöytä
doomburu
hiiri
suudu
kansio
bindirgal
näppäimistö
siwo mbalis
roskakori
ordinateer
tietokone
jooɗorde
tuoli

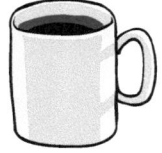

koppu kafe

kahvimuki

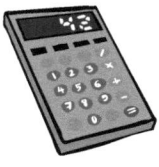

tongirde

taskulaskin

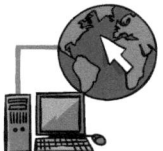

enternet

internet

ordinateer

kannettava tietokone

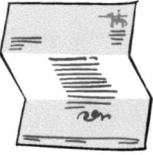

ɓataake kaayit

kirje

ɓataake

viesti

noddirgel

kännykkä

jokkondiral

verkko

nandinoowo

kopiokone

kuutorgel

ohjelmisto

noddirgel

puhelin

piriis

pistorasia

masiŋ faksii

faksi

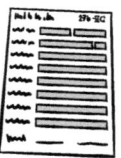

sifaa

lomake

kaayit

asiakirja

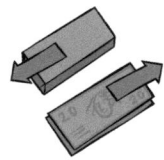

sood
ostaa

yoɓ
maksaa

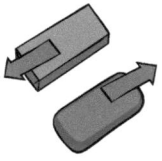

yeey
vaihtaa

kaalis
raha

USD

dolaar
dollari

EUR

oro
euro

JPY

yeen
jeni

RUB

ruubal
rupla

CHF

siiwis farayse
frangi

CNY

yuwaan renminbi
renminbi juan

INR

ruppii
rupia

nokku ngalu
pankkiautomaatti

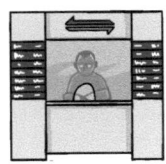

nokku beccirɗo

rahanvaihto

kaŋe

kulta

kaalis

hopea

peteroŋ

öljy

doole

energia

coggu

hinta

jokkondiral

sopimus

lempo

vero

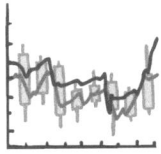

jeyii

osake

liggo

työskennellä

liggotooɗo

työntekijä

ligginoowo

työnantaja

isin

tehdas

yeeyirde

liike

alkaati
poliisi

kaboowo jeyngol
palomies

defoowo
kokki

cafroowo
lääkäri

dognoo ndiwooka
lentäjä

mooftoowo

puutarhuri

meniise

puuseppä

gawoowo debbo

ompelija

ñaawoowo

tuomari

simiyanke

kemisti

aktoor

näyttelijä

diirnoowo biis

linja-autonkuljettaja

diirnoowo taksi

taksinkuljettaja

gawoowo

kalastaja

debbo pittoowo

siivooja

biloowo

katontekijä

carwoowo

tarjoilija

baañoowo

metsästäjä

diidoowo

maalari

piyoo mburu

leipuri

peewnoo jeyngol

sähköasentaja

mahoowo

rakentaja

eseñoor

insinööri

buusee

teurastaja

polombiyee

putkiasentaja

neɗɗo posto

postinjakaja

soldaat

sotilas

arsitekte

arkkitehti

ngaluyanke

kassanhoitaja

ledɗeyanke

floristi

mooroowo

kampaaja

diirnoowo

konduktööri

peenoowo jamɗe

mekaanikko

gardiiɗo

kapteeni

safroowo ñiiÿe

hammaslääkäri

gando

tiedemies

babbiin

rabbi

almaami

imaami

muwaan

munkki

neɗɗo alla

pappi

kuutorɗe
työkalut

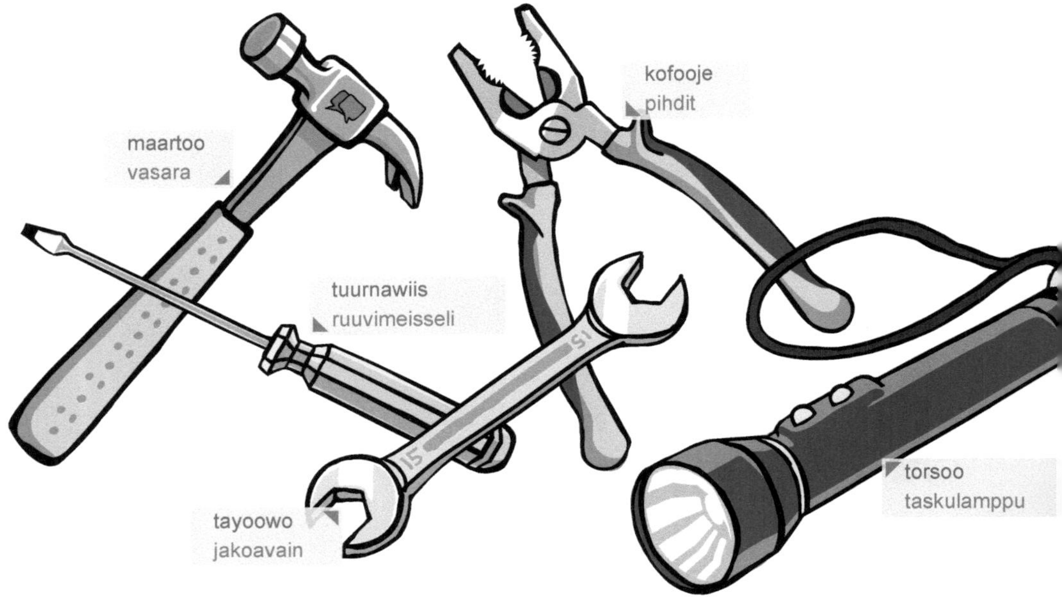
kofooje
pihdit
maartoo
vasara
tuurnawiis
ruuvimeisseli
tayoowo
jakoavain
torsoo
taskulamppu

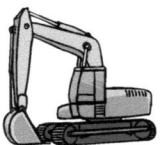

ngasirdi

kaivinkone

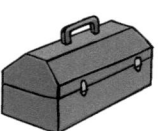

suudu kuutorɗe

työkalupakki

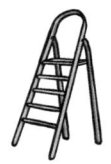

seel

tikkaat

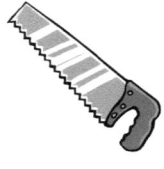

siiy

saha

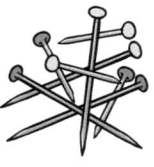

pontooje

naulat

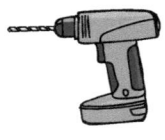

yuwirde

pora

feewnit
korjata

nokkirde
lapio

sooot
Hitto!

peel
rikkalapio

pot diidirɗo
maalipurkki

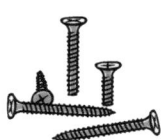

wiisuuji
ruuvit

pijirɗe
soittimet

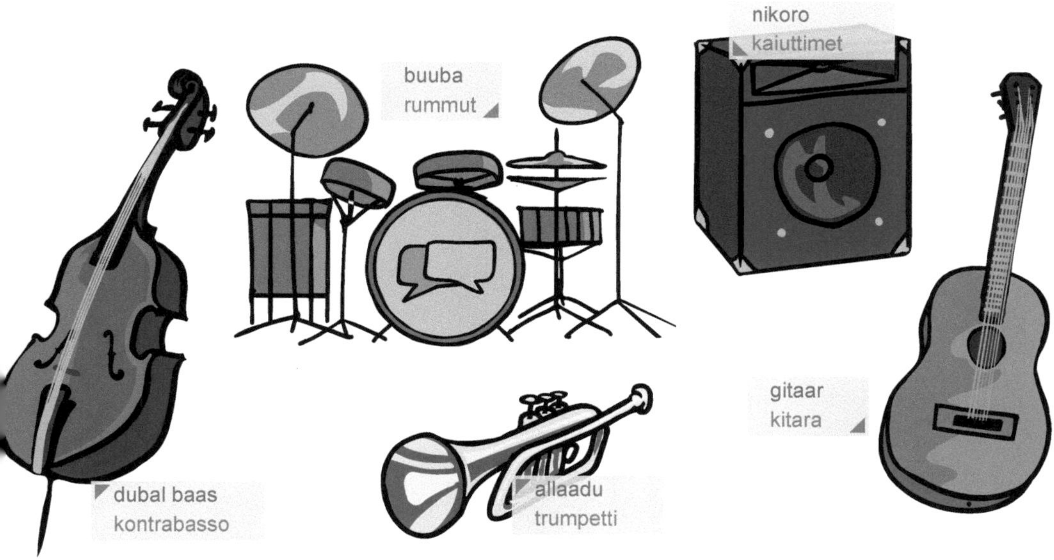

buuba
rummut

nikoro
kaiuttimet

gitaar
kitara

dubal baas
kontrabasso

allaadu
trumpetti

piyaano
piano

ñaañooru
viulu

baas
basso

timpaan
patarummut

bawɗi
rumpu

bindirgal
kosketinsoitin

saksofooŋ
saksofoni

coolumbel
huilu

haaldude
mikrofoni

cewngu
tiikeri

naatirde
sisäänkäynti

sabbunde
häkki

mbabba ladde
seepra

ñamri kulle
eläinten ruoka

pandaa
panda

kulle

eläimet

ñiiwa

norsu

kanguruu

kenguru

liwoongu

sarvikuono

waandu

gorilla

fowru

karhu

ngelooba

kameli

jaawagal

strutsi

mbaroodi

leijona

golo

apina

ñaarpural

flamingo

seku

papukaija

fowru nees

jääkarhu

peŋwee

pingviini

reke

hai

ngoriyal

riikinkukko

mboddi

käärme

nooro

krokotiili

deenoowo kulle

eläintarhanhoitaja

liingu

hylje

cewngu

jaguaari

molel puccu

poni

cewlu

leopardi

ngabu

virtahepo

ñamala

kirahvi

ciilal

kotka

fowru

villisika

liingu

kala

heende

kilpikonna

morsee

mursu

daga

kettu

lella

gaselli

fugu koyngel Amarik
amerikkalainen jalkapallo

welo
pyöräily

teniis
tennis

basket
koripallo

lumbaade
uinti

bokse
nyrkkeily

okey e galaas
jääkiekko

fugu koyngel

jalkapallo

badminton

sulkapallo

dogduuji

yleisurheilu

fugu jungo

käsipallo

eskiiy

hiihto

polo

poolo

golle

aktiviteetit

jal
nauraa
diw
hypätä
uurno
halata
yah
kävellä
yim
laulaa
hoyɗu
unelmoida
juul
rukoilla
ɓuuco
suudella

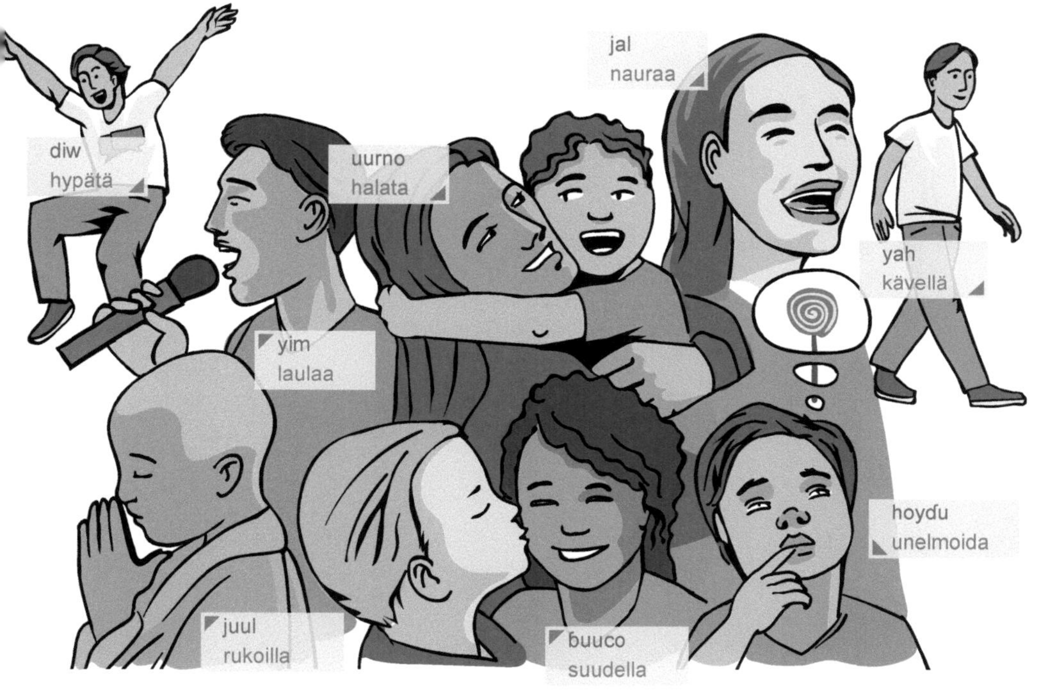

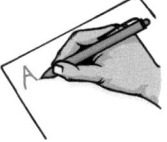

windu

kirjoittaa

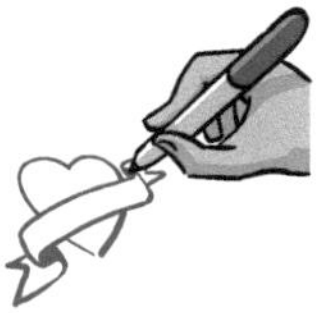

diid

piirtää

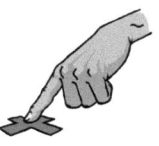

hollu

näyttää

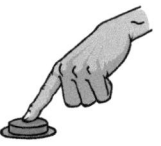

duñ

painaa

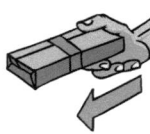

rokku

antaa

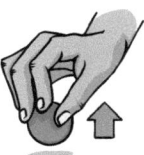

naw

ottaa

jogo

omistaa

wađ

tehdä

won

olla

daro

seisoa

dog

juosta

ittu

vetää

weddo

heittää

yan

kaatua

fen

maata

fad

odottaa

naw

kantaa

joođo

istua

ɓoorno

pukeutua

đaano

nukkua

finn

herätä

ndaar

katsoa

woy

itkeä

fiiy

silittää

koomu

kammata

haal

puhua

faam

ymmärtää

naamdo

kysyä

hetto

kuunnella

yar

juoda

ñaam

syödä

habbu

siivota

yiɗ

rakastaa

def

keittää

diirnu

ajaa

diw

lentää

awyu

purjehtia

lim

laskea

jangu

lukea

jangu

oppia

liggo

työskennellä

res

mennä naimisiin

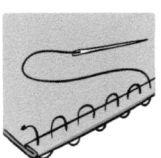

aaw

ommella

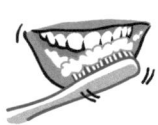

boris ñiiÿe

pestä hampaat

war

tappaa

simmo

tupakoida

neldu

lähettää

ɓesngu
perhe

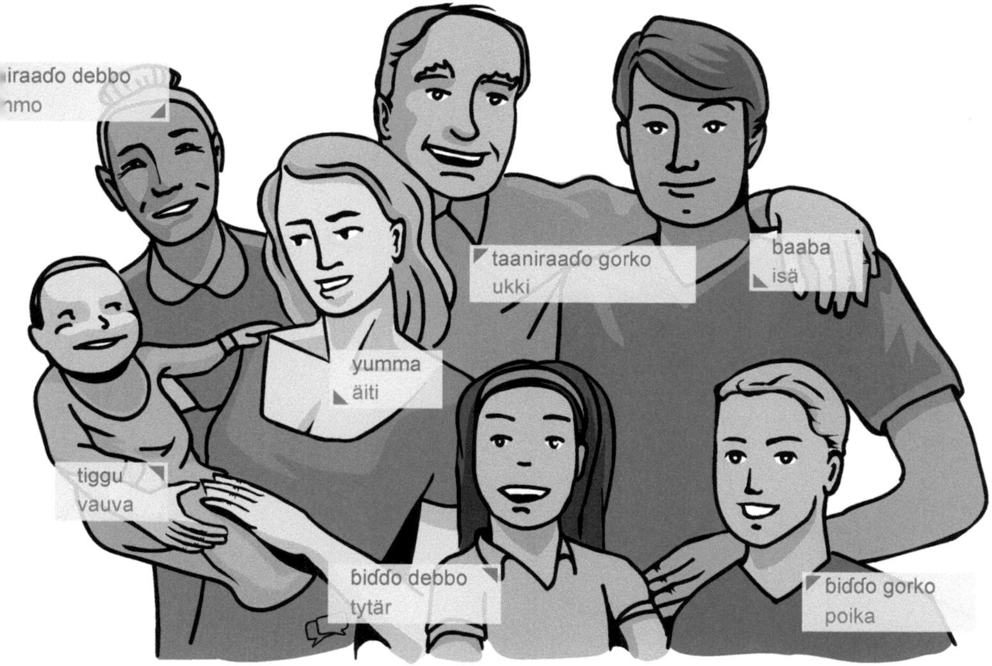

iraaɗo debbo
mo
taaniraaɗo gorko
ukki
baaba
isä
yumma
äiti
tiggu
vauva
ɓiɗɗo debbo
tytär
ɓiɗɗo gorko
poika

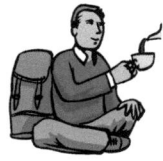

koɗo

vieras

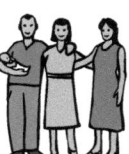

gogo

täti

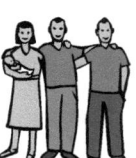

kaawiraaɗo

setä

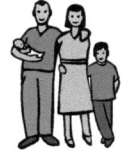

mawniraaɗo gorko

veli

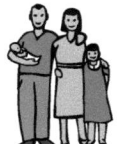

mawniraaɗo debbo

sisko

ɓandu
vartalo

tiinde
otsa
yitere
silmä
walabo
olkapää
feɗeendu
sormet
yeeso
kasvot
waare
leuka
jungo
käsi
korlal
jalka
endu
rinta
jungo
käsivarsi

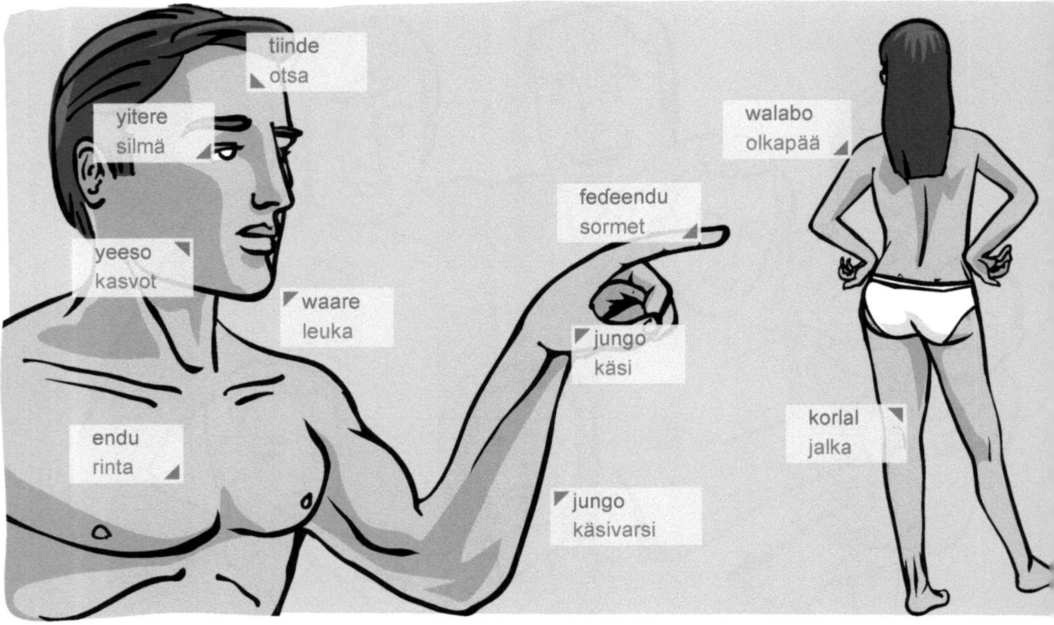

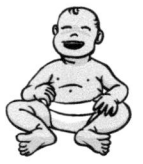

tiggu

vauva

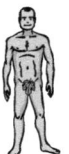

gorko

mies

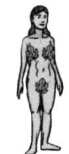

debbo

nainen

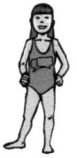

debbo

tyttö

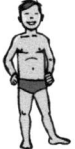

gorko

poika

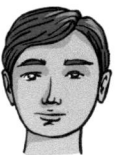

hoore

pää

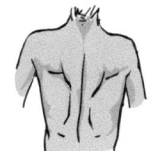

keeci

selkä

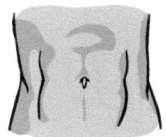

reedu

maha

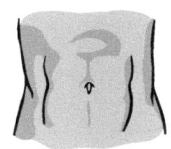

wudduru

napa

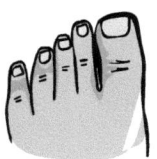

feɗeendu

varvas

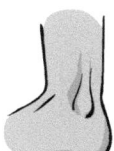

njaaɓordi

kantapää

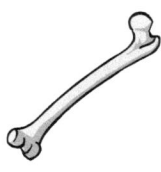

ŷiyal

luu

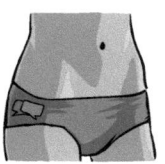

buhal

lantio

hofru

polvi

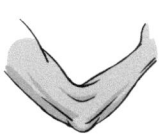

fooŋturu

kyynärpää

hinere

nenä

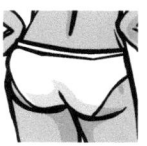

gaɗa

takapuoli

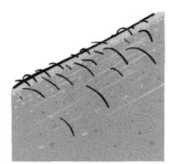

nguru

iho

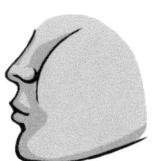

aɓɓuko

poski

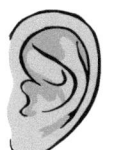

nofru

korva

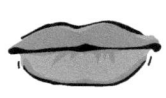

tondu

huuli

ɓandu - vartalo

69

hunuko

suu

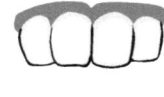

ñiire

hammas

ɗemngal

kieli

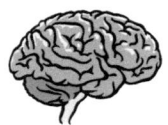

ngaandi

aivot

ɓernde

sydän

ÿiye

lihas

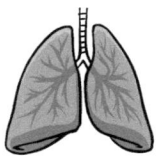

jofe

keuhkot

heeñere

maksa

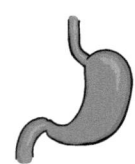

kuuse

vatsa

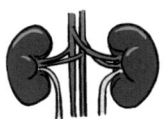

booÿe

munuaiset

leldaade

seksi

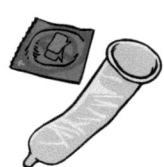

kawasal

kondomi

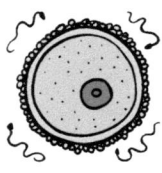

ɓoccoonde

munasolu

maniiyu

sperma

cowagol

raskaus

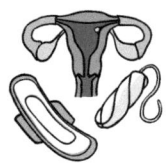

ella
....
kuukautiset

kottu
....
vagina

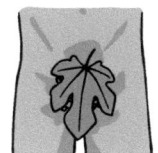

soolde
....
penis

leeɓol yitere
....
kulmakarvat

sukundu
....
hiukset

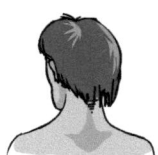

daande
....
niska

safrirdu
sairaala

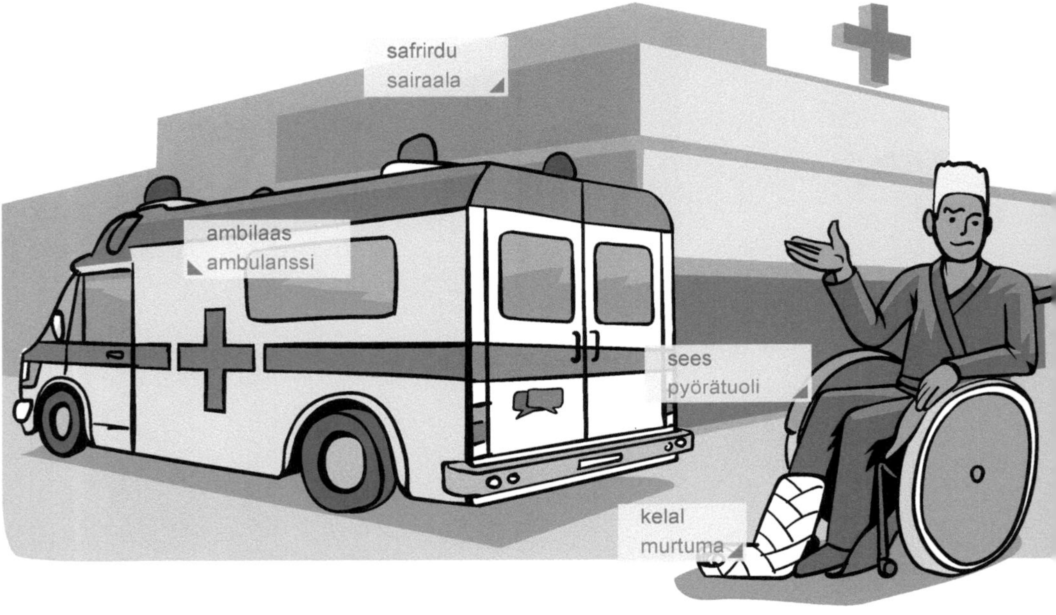

safrirdu
sairaala
ambilaas
ambulanssi
sees
pyörätuoli
kelal
murtuma

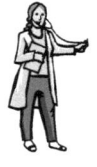

cafroowo

lääkäri

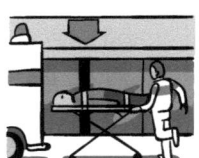

suudu heñaare

ensiapu

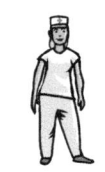

debbo cafroowo

sairaanhoitaja

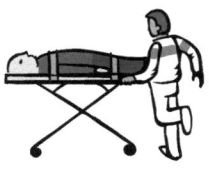

heñorde

hätätilanne

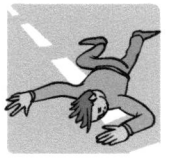

wondaane hakkile

tajuton

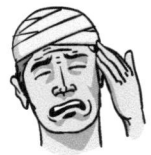

muuseeki

kipu

gaañande

vamma

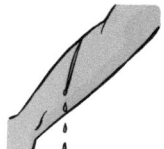

tuɗɗe ŷiiŷam

verenvuoto

muuseeki ɓernde

sydänkohtaus

piigol

aivoinfarkti

nefo

allergia

ɗojjude

yskä

ɓandu wulooru

kuume

pali

flunssa

ndogu reedu

ripuli

hoore muusoore

päänsärky

kaaseer

syöpä

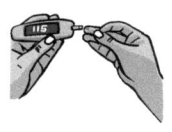

jabett

diabetes

oppiroowo

kirurgi

jaggirdi

veitsi

oppeere

leikkaus

CT
ct

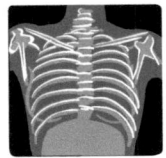

buuɗi x
röntgen

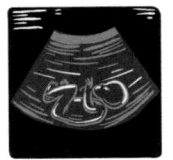

iltarasooŋ
ultraääni

huurirdu yeeso
maski

rafi
sairaus

heblorde
odotushuone

beeke
sauva

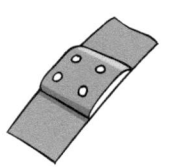

tabak
laastari

bandaas
side

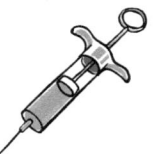

pinggu
pistos

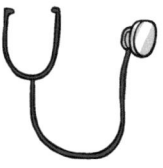

estetoskop
stetoskooppi

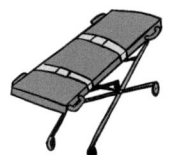

pooɗoowo
paarit

termomeeter safrirdu
kuumemittari

jibinande
syntymä

ɓuttiɗgol
ylipaino

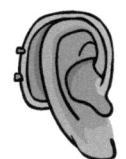

ballal nanirɗe

kuulolaite

labbinoowo

desinfiointiaine

raabo

infektio

wiriis

virus

SIDAA

HIV / AIDS

lekki

lääke

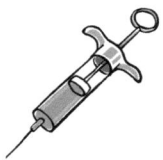

ñakko

rokotus

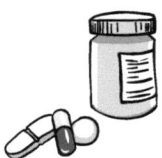

poɗɗe

tabletit

foɗɗere

pilleri

noddaango heñiingo

hätäpuhelu

ÿeewtorde yaadu ÿiiyam

verenpainemittari

faawŋi / selli

sairas / terve

Ballal

Apua!

pindinoowo

hälytys

njangu

ryöstö

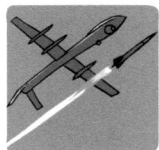

raaŋande

hyökkäys

boomre

vaara

yaltirde yaawnde

hätäuloskäynti

Jeyngol

Tulipalo!

ñifoowo jeyngol

palosammutin

aksida

onnettomuus

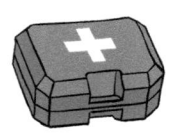

saawdu safaara gadano

ensiapulaukku

SOS

SOS

poliis

poliisilaitos

Orop

Eurooppa

Amarik Rewo

Pohjois-Amerikka

Amarik Worgo

Etelä-Amerikka

Afirik

Afrikka

Aasi

Aasia

Ostaraali

Australia

Atalantik

Atlantin valtameri

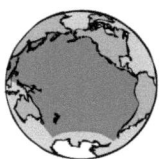

Pasifik

Tyynimeri

Maayo Endo

Intian valtameri

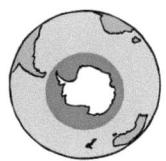

Maayo Antarkatik

Eteläinen jäämeri

Maayo Arkatik

Pohjoinen jäämeri

Baŋe Rewo

pohjoisnapa

Baŋe Worgo
etelänapa

Antarkatik
Antarktis

Leydi
maa

leydi
maa

maayo
meri

siire
saari

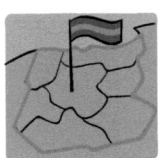

wuro
kansa

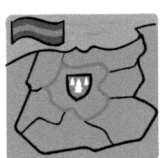

laamu
osavaltio

yeeso waktu

kellotaulu

jungo waktu

tuntiviisari

jungo hojoma

minuuttiviisari

jungo majaango

sekuntiviisari

hol waktu?

Paljonko kello on?

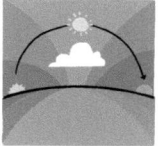

ñalawma

päivä

saha

aika

jooni

nyt

mantoor nattoowo

digitaalikello

hojoma

minuutti

waktu

tunti

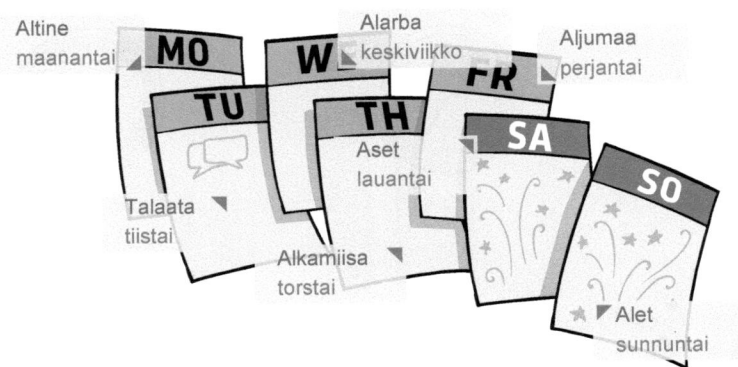

Altine
maanantai

Alarba
keskiviikko

Aljumaa
perjantai

Talaata
tiistai

Aset
lauantai

Alkamiisa
torstai

Alet
sunnuntai

hanki
eilen

hande
tänään

jango
huomenna

subaka
aamu

ñalawma
keskipäivä

kikiiđe
ilta

biir
työpäivät

ñalđī
viikonloppu

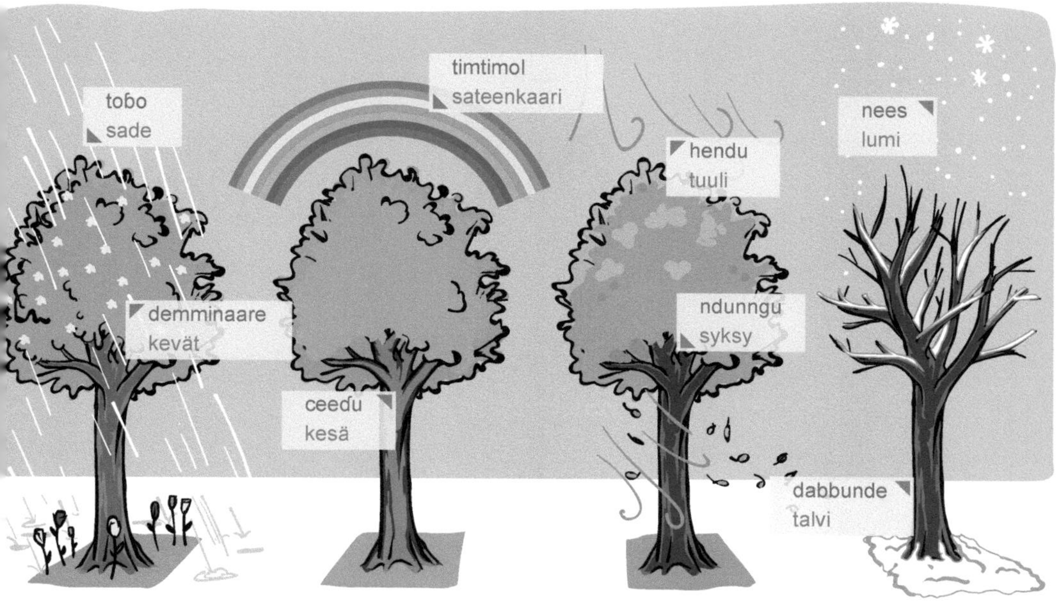

tobo
sade

timtimol
sateenkaari

nees
lumi

hendu
tuuli

demminaare
kevät

ndunngu
syksy

ceedu
kesä

dabbunde
talvi

4.APRIL	11°	☀
5.APRIL	4°	☁
6.APRIL	13°	☁
7.APRIL	8°	❄
8.APRIL	10°	☀

kabaaru weeyo
....
sääennuste

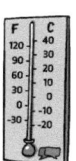

termomeeter
....
lämpömittari

naaŋini
....
auringonpaiste

ruulde
....
pilvi

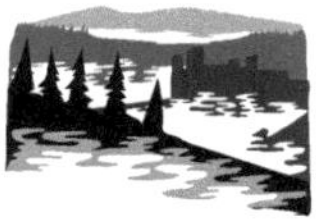

cuurki
....
sumu

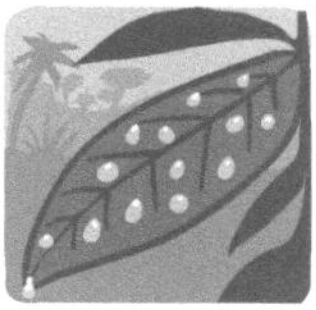

uddeende
....
ilmankosteus

majje

salama

gidaango

ukkonen

hendu

myrsky

huđđni

rae

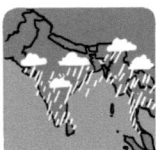

ruulđini

monsuuni

waame

tulva

nees

jää

Siilo

tammikuu

Colte

helmikuu

Mbooy

maaliskuu

Seeđto

huhtikuu

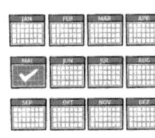

Duuyal

toukokuu

Korse

kesäkuu

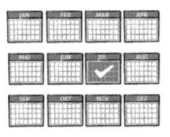

Morse

heinäkuu

Juko

elokuu

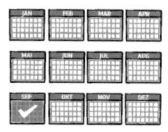

Siilto

syyskuu

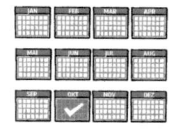

Yarkoma

lokakuu

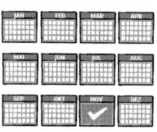

Jolal

marraskuu

Bowte

joulukuu

ƃalli

muodot

taarto

ympyrä

yaajeendi

neliö

yaajo

suorakulmio

saraandi

kolmio

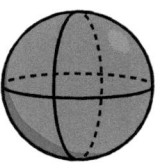

mbiifu

pallo

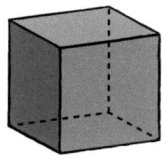

kiibb

kuutio

daneejo

valkoinen

oolo

keltainen

oraas

oranssi

roos

vaaleanpunainen

bođeejo

punainen

mboongu

violetti

bulaajo

sininen

werte

vihreä

cooyo

ruskea

puro

harmaa

baleejo

musta

heewi / seeđa

paljon / vähän

seki / deeyi

vihainen / ystävällinen

yoođi / soofi

kaunis / ruma

fuuđorde / gasirde

alku / loppu

mawđo / tokooso

suuri / pieni

leeri / nibbiđi

vaalea / tumma

maniraađo / miñiraađo

veli / sisko

laabi / tunwi

puhdas / likainen

timmi / manki

täydellinen / epätäydellinen

ñalawma / jamma

päivä / yö

maayi / wuuri

kuollut / elävä

yaaji / faađi

leveä / kapea

nano / nanotaako

syötävä / syömäkelvoton

boni / moÿÿi

paha / kiltti

softi / yoomi

innostunut / tylsistynyt

ɓuttiɗi / sewi

lihava / laiha

adi / wattindi

ensimmäinen / viimeinen

sehil / gaño

ystävä / vihollinen

heewi / ɓolɗi

täysi / tyhjä

muusi / weeɓi

kova / pehmeä

teddi / hoyi

painava / kevyt

heege / ɗomka

nälkä / jano

faawŋi / selli

sairas / terve

wona laawol / laawol

laiton / laillinen

feerti / muddiɗi

älykäs / tyhmä

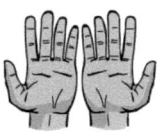

nano / ñaamo

vasen / oikea

ɓatti / woɗɗi

lähellä / kaukana

keso / kiiɗɗo
uusi / käytetty

ndiga / huunde
ei mitään / jotain

nayeejo / suka
vanha / nuori

huɓɓi / ñifii
päällä / pois päältä

uditi / uddii
auki / kiinni

deeÿi / dille
hiljainen / äänekäs

alɗi / waasi
rikas / köyhä

goonga / fenaande
oikein / väärin

tiiɗi / nooyi
karhea / sileä

metti / weli
surullinen / iloinen

raɓɓiɗi / juuti
lyhyt / pitkä

leeli / yaawi
hidas / nopea

leppi / yoori
märkä / kuiva

wuli / ɓuuɓi
lämmin / viileä

hare / jam
sota / rauha

0

ndiga

nolla

1

gooto

yksi

2

ɗiɗi

kaksi

3

tati

kolme

4

nay

neljä

5

joy

viisi

6

jeegom

kuusi

7

jeeɗiɗi

seitsemän

8

jeetati

kahdeksan

9

jeenay

yhdeksän

10

sappo

kymmenen

11

sappoy goo

yksitoista

12

sappoy ɗiɗi

kaksitoista

13

sappoy tati

kolmetoista

14

sappoy nay

neljätoista

15

sappoy joy

viisitoista

16

sappoy jeegom

kuusitoista

17

sappoy jeeɗiɗi

seitsemäntoista

18

sappoy jeetati

kahdeksantoista

19

sappoy jeenay

yhdeksäntoista

20

noogaas

kaksikymmentä

100

teemedere

sata

1.000

ujunere

tuhat

1.000.000

miliyooŋ

miljoona

Aŋale

englanti

Aŋale Amarik

amerikanenglanti

Mandare Siinaaɓe

mandariinikiina

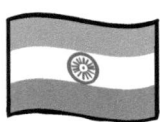

Hindi

hindi

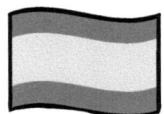

Españool

espanja

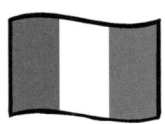

Farayse

ranska

Arab

arabia

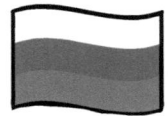

Riis

venäjä

Portigees

portugali

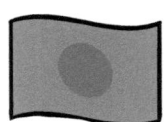

Bengali

bengali

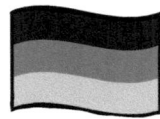

Almaa

saksa

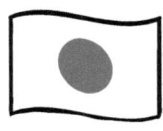

Sapponee

japani

miin
minä

an
sinä

kanko / kanko / kanum
hän

minen
me

onon
te

kamɓe
he

holoon?
kuka?

holɗuum?
mitä / mikä?

holnoon?
miten?

holtoon?
missä?

mande?
milloin?

inde
nimi

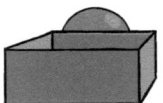

caggal

takana

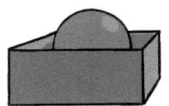

nder

sisällä

sawndo

edessä

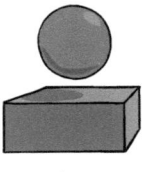

dow

yläpuolella

e

päällä

les

alapuolella

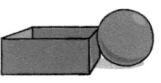

sara

vieressä

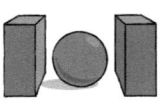

hakkunde

välissä

nokku

paikka